AF254022

MANIFESTE

D'UN

BOURGEOIS DÉMOCRATE

PARIS. — ÉDOUARD BLOT ET FILS AÎNÉ, IMPRIMEURS, RUE BLEUE, 7

MANIFESTE

BOURGEOIS DÉMOCRATE

OCTOBRE 1871

PARIS

EN VENTE CHEZ BAGÈS, LIBRAIRE

39, FAUBOURG DU TEMPLE.

MANIFESTE

D'UN

BOURGEOIS DÉMOCRATE

AU PEUPLE,

Après tant de désastres et de fautes, dans ton affolement, tu cries à l'abandon et à la trahison de la bourgeoisie; elle ne t'a ni suivi, ni soutenu, et, dans ta sourde colère, tu les voues tous à la haine implacable des travailleurs; ces bourgeois égoïstes, tous, dis-tu, sont les ennemis du peuple. Tu n'y vas pas de main morte, injuste brouillon; cependant il y a du vrai dans ton indignation, tu as plus d'instinct que de jugement. Dans ta confusion tu es trop radical. Tous, tous, dit-tu. Halte-là! ne nous emportons pas et examinons; en voici un qui se rebiffe, il faut que tu l'écoutes.

Dans ton langage énergique et grotesque, langue verte que nous te parlerons, tu les mets tous dans le même tas, imbécile que tu es; il y en a deux à faire; mieux que cela, tu n'arriveras à rien si tu ne te rallies pas au plus gros, qui, à juste titre, prétend être du peuple, puisqu'il travaille.

Non, tu ne feras rien de sérieux et de durable sans cette alliance, entends-tu ? Tu n'as pas ce qu'il faut; si tu en doutes, plonge ton nez dans tes bêtises.

Il y a bourgeois et bourgeois, comme il y a républicain et républicain. Ne dis pas que tu la connais, celle-là ; en regardant ta besogne on rirait. Si tu avais pour deux liards de raison, tu n'aurais pas commis tant de maladresses.

Tes idoles, pontifes à systèmes plus ou moins ingénieux, ont su t'enlever pour te manœuvrer. Après ? La peine, la misère, la plaine de Satory, ces plombs de Venise momentanés et le ponton. Tout meurtri, tu vocifères ; ce qui se comprend.

Tu seras donc toujours la *treppe* (1) classique ? Paillasse te séduit et te fait rire ; les charlatans politiques ont sur toi le même empire que les saltimbanques du crayon et de la dent : voilà le mal. Allons, grosse masse, ferme ta main nerveuse ; un bon mouvement, frappe ta robuste poitrine et dis : *Mea culpa ! maxima culpa !* je suis trop b... simple.

---

(1) Peuple, foule, badauds.

Si, au lieu de grincer constamment les dents, ce qui aboutit à pas grand'chose de bon pour toi, tu remuais un peu ta raison et ton jugement, tu les façonnerais ; alors tu ne serais pas toujours le dindon de la farce. Mais... mais!.. Oui, il y a des mais ; nous voulons comme toi les enlever ; seulement, contrairement à ta manière de procéder, nous voulons commencer par le commencement et non par la fin. Retiens bien ceci et tu jugeras tout à l'heure.

En attendant, ricane et hausse les épaules, règle-nous notre compte ; car tu dois être rudement sceptique après tant de malheurs ; tes lâcheurs pullulent ; on les remue à la pelle à Versailles et ailleurs ; tes fétiches d'il y a dix ans, rose des vents, chantent aujourd'hui la répression ; ces chevaliers politiques de la plume et du bec n'ont plus besoin de toi, ils tiennent le manche. Tu as la foi solide, tu croiras encore, sans cela, tu ne serais plus Sa Majesté *le Peuple souverain*.

Voici un bourgeois démocrate, un phénomène, sans doute, qui vient t'indiquer un chemin sûr, où il y a des pierres, et des grosses, mais sur lequel on ne culbute pas.

Pousse ton rire homérique, renvoie-le au plus vite à son usine ou à son comptoir, ce bourgeois conseilleur, fais lui ton petit *speech* à la mode : « Sache donc, *cicerone de la boutique*, que la société ne se compose que de deux espèces d'individus, les exploités et les exploiteurs ; je suis des premiers, tu es des seconds ; donc, tu ne dois rien avoir de bon à me communiquer. Ne viens pas nous dire que tu n'es pas patron, mais commerçant ; peu importe, le rongeur ne vaut pas mieux que l'exploiteur ; tu peux mettre dans le même tonneau tes directeurs, ingénieurs, comptables, contre-maîtres, commis, employés, séquelle qui fait si bien manœuvrer la machine à nous plumer, à la grande satisfaction de ta caisse. »

Bravo ! tu es de la race des altesses, tu préfères l'encensoir à la vérité ; ce bourgeois cabochard n'a pas l'épine dorsale articulée, il n'a pas de faveur à demander à Sa Grandeur *Populus I*er. Aussi, le *forêt* (1) de la logique en main, il veut percer ta dure carapace ; tu regimberas, peu importe. Malheureux que tu es ! tu as le choléra politique et tu veux le communiquer à ceux qui veulent ta santé et la leur ?

Tu dis que l'intérêt des patrons est opposé à celui des ouvriers, donc ce sont des ennemis ; alors, la guerre, la division, la désunion. La grande *pieuvre* patricienne profite de l'occasion pour nous enlacer et sucer jusqu'à l'anémie. Si tu ne comprends pas, c'est que tu es sourd et aveugle.

---

(1) Outil employé pour percer.

D'abord, qu'appelles-tu ouvrier? Est-ce seulement celui qui déploie de la force musculaire? Si tu le comprends ainsi, toi qui détestes les castes, tu constitues celle du *durillon* contre celle de la plume, du tire-lignes ou du pinceau. Les forts de 48 acceptaient l'ouvrier de la pensée. Il faut s'entendre. Crois-tu que pour faire une maison on n'ait besoin que de maçons, limousins, serruriers, menuisiers, peintres, etc., etc...? Un architecte n'est pas de trop ; sans compter le métreur, le comptable, les commis et combien d'autres! Ils prétendent être aussi des travailleurs au même titre que toi. Tu vois, si tu es le nombre, tu n'es pas toujours la raison.

Rongeurs et exploiteurs : l'un t'en prend trop, l'autre ne t'en donne pas assez; c'est vrai, et après? Après tu formules ainsi ton programme : Il faut que le travailleur possède l'instrument de son travail et le produit intégral ; c'est très-clair et très-juste; et après? Alors pour l'obtenir, il faut avoir la propriété collective et faire la liquidation sociale. Je crois que tu te trompes; tu veux dire des opérations sociales ; la première serait celle de t'arracher la taie qui t'empêche de voir.

En 48, on disait *les partageux;* en 1871, on dit *les collectivistes ;* on ne divise pas, on réunit; naturellement l'État sera tout. Triple imbécile, tu n'en as donc pas assez sur le dos de tous ces communismes déguisés? Sans te parler des communismes impériaux et monarchiques, tu en as trois ou quatre qui t'enlacent et te rongent : le communisme clérical, le communisme militaire, et surtout ce monstrueux communisme administratif; ça ne te suffit pas, tu veux en brocher un autre général sur le tout : l'État, grand distributeur d'instruments de travail; et tu te plains que les bourgeois ne te suivent pas sur ce terrain; allons, Jacques Bonhomme, mets tes lunettes.

Ces *princes du rez-de-chaussée*, comme tu les nommes, trouvent, au contraire, qu'ils en ont trop, de ces sangsues communistes; que l'État est trop, et eux et toi pas assez.

Il faut faire notre besogne nous-mêmes, nous avons assez de tuteurs.

Sais-tu ce qu'il faut d'abord pour que tu aies l'instrument de travail? Eh bien, il faut que tu sois de taille à l'avoir tout seul et ne pas l'attendre de l'État-providence; si tu cries à l'impossibilité, regarde les Anglais (pour ne t'en citer qu'une) : la Société des mécaniciens possède 4,500,000 francs en caisse; ils les utilisent pour faire augmenter leurs salaires, en attendant le grand *lavage social*, qui purgera le pays de ces castes aristocratiques, et débarrassera la législation de ces lois de privilége qui ne leur permettent pas de les utiliser pour avoir le produit intégral.

Pourquoi n'agis-tu pas ainsi? Parce que tu n'es pas assez pratique; que tu révolutionnes par le mousquet et non par l'exercice de la solidarité. Quand la débâcle arrivera chez eux, sois certain qu'ils obtiendront des résultats. Voilà la différence.

Si, au lieu de demander à l'État la solution des problèmes, tu avais cherché, par ces moyens, la puissance si nécessaire pour renverser les entraves au développement du progrès, ces bourgeois que tu exècres seraient avec toi; nous serions tous dans cette grande arène politique pour lutter vaillamment contre ces communismes absorbants, ces frelons aristocrates de haute et basse lignée du parchemin ou de la pièce de cent sous, les croisés ou les parvenus, et surtout contre ces individualités interlopes, *anémones politiques*, ni animales ni végétales, produit des bas-fonds sociaux, qui vomissent la calomnie et le scandale dans leurs feuilles, à la grande satisfaction de nos ennemis, qui les payent et les lisent. Il est si bon de savourer, pour se remonter le moral, soit dans le *fumier*, l'*égout* ou le *ruisseau*, une dégradation sociale du souverain-peuple!

Certes, SA MAJESTÉ n'est pas toujours convenable; souvent, oui, trop souvent dégoûtante, même ignoble; c'est connu que tu as de nombreux cas rédhibitoires.

Mais si tu confiais à des *chimistes moraux et politiques* l'analyse de ce soi-disant grand monde, ah!

grands dieux! les bassins de Bondy (1) n'y suffi-
raient pas; si on te voit dans le ruisseau, ce qui
est repoussant, ne demandons pas à le voir derrière ses tentures, nous pourrions être asphyxiés
de dégoût; laissons ces émétiques sociaux.

Je dis plus : c'est qu'il faut résolûment y entrer tous, dans la grande arène ; nous ne sommes
pas de trop, entends-tu? Les bourgeois seront les
athlètes qui assureront la victoire, parce qu'ils
ont ce qui te manque : du savoir, de l'expérience,
de la tempérance et du capital. Ta bête noire, la
petite bourgeoisie, voilà l'alliée naturelle du peuple; avec l'alliance, le salut est au bout.

Tu as dans le cerveau un beau projet de machine; elle doit te donner des bénéfices; avant
de l'avoir, tu veux les escompter; tes bourgeois
maudits profitent de leur expérience pour te
crier : Construisons la machine! Sais-tu ce qu'il
faut pour commencer la machine? Il faut te faire
de taille. Sais-tu ce qu'il faut pour que tu sois
de taille? Écoute ce bourgeois, il t'indiquera le
commencement.

Il faut que tu sois instruit le plus possible, l'i-
gnorance étant la mère de l'abrutissement, et
les abrutis une maladie sociale dangereuse, nul
n'a le droit d'en infecter une société; elle doit

---

(1) On décante, à Bondy, dans de grands bassins, l'en-
grais humain.

donc pratiquer son hygiène morale comme son hygiène physique; en une phrase, instruction gratuite et obligatoire. Il ne faut plus que tu fasses ton apprentissage dans l'usine, mais dans les écoles professionnelles, loin de l'atelier, où tu prends plus de mauvaises passions que de savoir, où tu formeras cette bonne plaque de fondation de cette éducation morale qui te fait tant défaut. Là aussi, tu y forgeras le premier maillon de la grande solidarité qui étaye et redresse l'homme.

Il faut que l'instruction secondaire, professionnelle, supérieure et facultative soit accessible à tous par la voie du concours; de sorte qu'avec les aptitudes, le travail et la probité, tout citoyen puisse arriver aux positions les plus élevées.

As-tu réfléchi aux résultats à obtenir par ce grand bienfait, le concours? Les pauvres sont plus travailleurs que les riches; donc, ils auront les positions; comme conséquence, nous aurons le *rapprochement social.*

Il faut que tu quittes le comptoir d'étain pour les réunions, et en entrant laisser le Chauvin à la porte; te dire : Je viens ici pour m'éclairer et m'instruire: apprendre à écouter (ce que tu ne sais guère).

Il faut que tu jettes au ruisseau ces romans malsains que tu lis, ainsi que toute ta famille, pour lire des livres sérieux qui te montreront les bienfaits des sociétés coopératives, des associations, des assurances; des ouvrages traitant de l'économie politique, chose que tu ignores complétement; lire surtout l'histoire, celle de la révolution, si d'actualité.

Il faut que tu sois membre de toutes les sociétés qui doivent te grandir; il faut à tout prix que tu ne sois pas un isolé.

Courbé et abaissé par la corruption et l'abétissement que les grands ont cultivé pour te dominer, il faut te redresser, voilà les moyens. Ils crient depuis un demi-siècle : *Enrichissez-vous !* ton bourgeois leur répond : *Devenons citoyens.* Alors, nous aurons les UNITÉS SOCIALES capables d'avoir l'instrument, et le produit intégral. Voilà le commencement.

Ah! nous en parlons bien à l'aise. Que peut-on faire en présence de tous les communismes si bien encadrés; certes, les ennemis du progrès sont forts et bien disciplinés. Ce qu'il y a de plus pénible à constater, c'est que c'est toi, oui toi, masse inconsciente, qui es leur plus solide soutien. Tu fais des révolutions, tu te fais massacrer pour avancer, et à chaque hécatombe nous obtenons un reculement. L'expérience ne te sert à rien ; tu sais te faire déporter et tuer, mais tu ne sais pas faire une vraie révolution ; tu demandes la fin immédiate, et on nous donne une muselière; reconnais ton œuvre et profite de tes malheurs.

Il y a une question sociale comme il y a le

soleil; aujourd'hui la solution se résume en un seul point : il faut avoir des UNITÉS SOCIALES comme il faut un lièvre pour faire un civet. Quant à la forme, aux moyens, il n'est donné à personne de prévoir le mode que prendront ces unités sociales.

Il n'y a donc plus qu'une question qui prime toutes les autres, plus qu'un but bien déterminé. Le problème simplifié nous ramène tous; travailleurs des bras, de la plume, du pinceau, ouvriers de la pensée, petits boutiquiers, petits commerçants, petits usiniers et tous ceux qui ont quelque chose de généreux dans le cœur, tous unis dans la grande arène politique, tous à l'assaut; nous voulons tous devenir des citoyens dans la grande et large acception du mot.

Je t'assure que le million de petits bourgeois à qui tu fais peur ne te lâcheront pas ; au lieu de te suivre, ils seront les premiers pour le combat. Mais si tu persistes à vouloir faire l'assaut avant d'avoir fait les tranchées, peines et malheurs, tu seras encore la victime; au lieu du progrès, le bâillon; au lieu de marcher, tu seras encore écrasé.

Les tranchées que nous devons tous et sans relâche construire pour faire tomber la monstrueuse forteresse féodale du privilége peuvent se résumer brièvement en quelques lignes.

Il nous faut la République une et indivisible,

démocratique et non autoritaire, les citoyens tout, l'Etat serviteur.

Une représentation nationale élue par le suffrage universel, un pouvoir exécutif responsable émanant de l'Assemblée nationale.

La liberté de conscience, la liberté des cultes et, comme conséquence, séparation absolue de l'Eglise et de l'Etat.

La liberté de la presse, de réunion, d'association et d'enseignement.

L'instruction primaire gratuite et obligatoire pour les enfants des deux sexes.

L'instruction secondaire, professionnelle et supérieure, gratuite et au concours.

L'enseignement laïque pour toutes les écoles de l'État et des communes.

Les fonctions décernées par le concours ou par l'élection.

La responsabilité des fonctionnaires publics de tout ordre, le droit pour chaque citoyen de poursuivre tous les abus du pouvoir.

Gratuité de la justice, magistrature élective, extension de la juridiction au jury.

La suppression de l'armée permanente, création d'une milice nationale formée de tous les citoyens.

La transformation des impôts; suppression de l'impôt sur la consommation, application de l'impôt sur le revenu et la vanité humaine.

Vote obligatoire. Tout citoyen qui n'accomplit pas ses devoirs est puni par la loi, à plus forte raison il doit l'être pour ne pas remplir ses droits.

Remaniement général des rouages administratifs.

Dans vingt années d'application de ces réformes, la question sociale sera dissoute.

Ce n'est pas sur monsieur *Capital* qu'il faut frapper, c'est sur ces lèpres sociales dont les quatre principales sont : le *sabre*, la *soutane*, la *toge* et la *paperasse*; tant que la société n'en sera pas débarrassée, elle restera la même; ni tes haines, ni tes sacrifices n'y pourront rien. A l'œuvre donc.

Souverain coiffé du bonnet phrygien, bonnet des forçats, est-ce une ironie ou un trait d'esprit? Peu importe; le choix de ta couronne est bien trouvé, heureusement qu'il est rouge; travaux forcés à temps; espoir du travail libre; tes argousins sont féroces; pas de maladresse, te dis-je; ils cherchent tous les moyens de te placer le bonnet ver de la perpétuité. Laisse monsieur *Capital;* pour l'instant, il n'y peut rien; quand tu aur fait tes preuves il te donnera sa fille en mari

2.

Tu te sens les jarrets assez nerveux pour franchir d'un bond la grande rivière qui te sépare de la terre promise; les bourgeois démocrates préfèrent construire des piles et mettre un tablier dessus pour pouvoir passer sur le pont, que de piquer une tête qui t'estropiera et te rendra impuissant; tu es pressé, je le comprends; cependant, tu ne descends pas, que je sache, de ton sixième en enjambant ta croisée; tu prends l'escalier. En politique, c'est la même chose; tu trouves extraordinaire que les bourgeois ne te suivent pas; allons, il faut être fou ou bien jeune; si tu n'es pas le premier, assurément tu es le second. Tu comptes sans doute sur les *parachutes* que tu ne manques pas de prendre à tes savants réformateurs des réunions publiques; encore une fois, les petits bourgeois ne veulent pas de ces moyens; ils veulent construire le pont le plus rapidement possible, et n'oublieront pas les *garde-fous;* ils veulent descendre l'escalier à deux et trois marches à la fois; s'ils le peuvent, soit; mais ils veulent tenir la rampe et non se casser le cou. Si tu trouves un parachute nouveau, ne compte pas sur eux. A bon entendeur, souvenirs !

Quand on te cogne dessus, le petit bourgeois en reçoit sa part, sans compter la sauce qu'il paye après; tu comprendras, mon souverain, puisque tu mets en fureur nos ennemis sans être en mesure de les expulser ; tu mérites bien ces coups de cravache.

Maintenant abordons carrément ces fameuses lèpres.

Primo. Le Sabre. — Ne t'effarouche pas, il s'agit moins des vaincus de Bismarck et des vainqueurs de Paris que de l'institution ; les bourgeois ont du jugement ; ils savent très-bien que les petits ont fait leur devoir ; mais les grands... passons ; je ne veux pas te soulever le cœur.

Les militaires sont institués pour la défense du pays ; naturellement le pays attaqué, tous les citoyens doivent être militaires. Tu as la naïveté de croire cela ; réfléchis un peu et tu te rendras à l'évidence ; comment, cette petite *poupée* écussonnée, titrée, serait forcée d'être militaire ? pourrir deux ans dans un camp au lieu de faire la parade sur le bitume ou au bois ; il faudrait les croire bien niais, puisque pour deux mille francs on achète un remplaçant que tu fournis, bien entendu.

Tous les citoyens militaires ? Y as-tu songé ! on ne donne la messe aux curés qu'à 25 ans ; vois-tu d'ici le déchet si de 20 à 22 ans tous les apprentis curés passaient dans un camp ? Ce sont les pères de ces jeunes gens qui font la loi ; et tu crois qu'ils s'occuperont de la question de justice ? Laisse-moi rire.

Après nos désastres et les hautes capacités

montrées par nos chefs, tu pensais que les gra
des ne s'accorderaient qu'au concours; sainte
naïveté, priez pour lui. Comment! le fils de monsieur le marquis serait simple troupier (car il
n'y a rien qui rende paresseux comme les mille
livres de rente), et le fils de son jardinier serait capitaine? C'est à crever de rire; voilà pourquoi notre fille est muette. Voilà pourquoi nos
ennemis t'arrangeront une belle petite armée où
le prix du pourceau de sa maman variera de
1,600 à 2,400 francs.

Il y a encore autre chose : tu penses bien que
si le chef ne devait son avancement qu'au mérite,
il ne se prêterait pas facilement à tant de choses
qui n'ont rien à voir avec la dignité; avec tout
le monde troupier, on ne peut plus former de
garde prétorienne pour faire des 18 brumaire et
des 2 décembre, ce qui ne ferait pas plaisir aux
entrepreneurs de salut public.

Tout le monde troupier! et l'ordre; oh! le
grand parti de l'ordre en a la chair de poule. Tu
la connais, celle-là; je crois qu'on se trompe gé-
néralement; le grand parti de l'ordre est le parti
du désordre, puisqu'il fait tout ce qu'il faut pour
l'amener. Bien mieux, il ne se maintient que par
le désordre. Suppose que tu n'aies pas fait la
Commune; juge de ta puissance; il faudrait
bien que l'on nous donnât les lois de justice qui
ne font pas leur affaire, mais qui feraient si bien

la nôtre! Quand on pense que c'est toi qui nous vaux cela, on s'indigne. Ote-lui cet argument, à cette ventrocratie, dont la férocité égale la peur qu'elle a eue, quelle objection a-t-elle? Pour faire les révolutions, il faut abandonner le fusil pour prendre le vote; si tu l'avais compris, quel chemin nous aurions fait!

Aujourd'hui le grand parti de l'ordre se croit le droit de tout faire; s'il lui plaisait demain de prendre une de ces *poupées monarchiques* qui pullulent en France et de lui dire : « Sire, administrez le pays; » toi, qui sais bien que les *paillasses à couronne* ne font rien de bon, tu voudras te rebiffer; il y a une loi militaire qui régit ce beau communisme; un ministre de la guerre, de par cette loi, peut dire à ses trois ou quatre cent mille matricules : Fusillez! il faut obéir à la loi; or, cette loi est mauvaise, il faut la changer. Une loi qui permet à des *Macaires corses* d'assassiner le pays, est une loi archi-mauvaise, dangereuse et à réformer. Si tout le monde était troupier, nous aurions une *géologie militaire*, le premier ban en action, fonction, fermentation; le second fixé, ainsi que le troisième et le quatrième.

Suppose un instant qu'une troisième édition du *Corse fatal* veuille se renouveler; il va à Bercy, vide les caves, arrose la première couche qui crie : Vive le roi! ou vive l'empereur! comme au 2 décembre; comme bien tu penses, les trois autres couches entonnent le *Te Deum de la résistance*, et le *polichinelle galonné*, ainsi que ses complices, sont envoyés à Nou-me-ha en Calédonie; et le fameux parti de l'ordre est obligé d'avaler les couleuvres de justice qui font si peur à sa paresse et à son égoïsme.

Comme ils sont les maîtres, ils ne te donneront pas l'armée nationale; voilà la garde nationale supprimée; avec la terrible loi dobéissance aveugle, la France aujourd'hui est à la merci de trois ou quatre individus; avec une pareille épée de Damoclès sur la tête, on a le frisson.

Et c'est dans cette situation que tu rêves des solutions quand, demain peut-être, le vieux monde, qui domine à la Chambre, t'inondera des lois du moyen âge. Façonne ta balle qu'on appelle le vote pour les renverser, voilà le seul moyen qui te reste, s'il t'en donne le temps. Tu vois bien qu'il y a autre chose à faire que de s'occuper de la question sociale; il faut commencer à déblayer le terrain.

Voilà pour la question matérielle : dix ordres d'un ministre et la France a son *cataplasme;* qu'il plaise ou non, les communismes ne connaissent qu'une chose : obéir, ce qui est fort beau et épouvantable. Pour nous, le citoyen discipliné nous donne une garantie que nous n'avons pas; mais que nous aurons, sois-en sûr; il faut y arriver.

Te voilà bien muselé[pour le cas où tu ne trouverais pas la besogne de ces messieurs de ton goût.

Maintenant, examinons cet autre communisme qui, lui, a pour but de t'abêtir.

Quand on a l'âme, cette boussole de l'individu, bien trempée, on se redresse vigoureusement devant l'infamie; énergie dangereuse pour le grand parti de l'ordre; un communisme noir s'est chargé de la tenir; admirablement organisée depuis des siècles. Il tient l'âme de la France sous sa griffe ténébreuse. Comme tous les communismes se tiennent, le rouge se charge du corps, le noir, de l'âme; malgré cela, ils ont besoin d'autres auxiliaires; ce chiendent de la justice est si vivace qu'ils n'y peuvent. Ce sont nos plus redoutable ennemis; ils sont l'entrave la plus formidable à la grande question du siècle, celle de faire des hommes, des citoyens qui n'aient rien à demander à la charité, leur puissant et dissolvant levier, mais tout à eux-mêmes.

Ils viennent vous dire qu'il faut une religion au peuple.

Qu'entendez-vous par religion ? Si vous entendez par religion votre catéchisme et ses mystères, votre infaillibilité, vos immaculées conceptions de la Vierge, de sa mère, de sa grand'mère, c'est votre affaire, et non la nôtre ; établissez vos pharmacies morales où bon vous semblera, soyez considéré comme le commun des martyrs, payez patente, impôts d'argent et de sang, nous n'avons rien à y voir.

Si vous entendez par religion l'inoculation de ces grands devoirs des hommes entre eux, du respect des parents, de l'honnêteté, de ces sentiments qui grandissent et font de l'individu un honnête homme, nous n'avons pas besoin de vous; c'est dans la famille, c'est dans l'exercice de la solidarité qu'ils les puiseront; la dignité humaine n'a rien à voir avec vos niaiseries. Vous parlez de famille, de vertu, de patriotisme; allons donc; la famille, vous la repoussez pour le célibat; la vertu, mais les plus honteuses souillures que reçoit chaque année la société viennent de vos membres. De patriotisme, pensez-vous en avoir? Vous n'avez qu'un chef qui est à Rome, et vous n'êtes qu'un rouage.

Dans le siècle du travail, l'organisation cléricale est une monstruosité. Comment! ces sangsues noires prêchent l'amour du travail, et elles ont des moines qui vivent dans la contemplation et la prière! mais la plus sainte prière est le travail. Comment! ils prêchent le respect des parents, et ils enterrent vivantes dans des cloîtres des jeunes filles qu'ils forcent, par un fanatisme repoussant, à renier père, mère, frères sœurs, pour être tout à Dieu! on croit rêver; et c'est l'Etat, le pays, la France qui paye les membres de cette terrible association ! Ah ! Jacques Bonhomme, mon ami, tu n'es pas fort si tu penses à ta question sociale au milieu de ces serpents noirs ; lève toutes les pierres, et gare-toi de tous ces scorpions dont les morsures te tueraient.

Si son influence funeste ne jetait une si profonde perturbation dans la société et ne venait entraver les moyens pour arriver au grand but, faire des citoyens, on pourrait attendre.

L'urgence est évidente : ils enlacent la société, après le chapelet, le catéchisme ; après la communion, la confirmation ; vite en apprentissage, pauvres enfants ; si vous êtes bien souples, ils vous protégeront. Ces messieurs ont le bras long, vous pourrez entrer dans la si grande et si utile société de Saint-Vincent de Paul.

Ah ! grand courbé, es-tu primitif si tu penses que ces gens-là vont te laisser t'instruire, te grouper, t'organiser ! tu as de la confiance à revendre ; un de tes marabouts chéris te disait : « Heureusement que Dieu ne nous gêne plus. » Il oubliait d'ajouter qu'au contraire, ses exploiteurs nous gênent rudement.

Pendant que tu t'amuses à faire la petite guerre à monsieur Capital, la Saint-Vincent s'embrigade, elle tient déjà toutes les administrations, une grande partie des pipelets ; par les commandes ils tiennent les commerçants et fabricants, et par les cerbères ils savent ce que tu fais. Ce qu'il y a

de plus épatant, quand tu rugis, il n'y a plus
personne, tu tempêtes dans le vide ; si ce n'était
lugubre, se serait amusant. Mais, incorrigible de
malheur, fais donc comme eux, équipe-toi pour
la lutte au lieu de te manger le nez. Tu comptes
sur ta volonté inébranlable, tu as foi dans la justice de ta cause, et la vieille *furia francese* n'est
pas rouillée, puis te voilà content. Crois-moi,
tout cela est insignifiant, il faut compter sur la
science nouvelle, celle de prendre ses mesures
pour mettre son adversaire dedans. Le peuple de
mouchards qui vient d'éventrer ce beau fruit
en apparence qu'on appelle la France pour nous
le montrer pourri a bien attrapé le joint. Les
unités sombres le pratiquent avec avantage ; tu
le sais bien, ils ne font pas des barricades.

Écoute, il ne faut plus recommencer ainsi, il
faut nous en débarrasser ; pour cela, il ne faut
plus que l'Etat les paye, il ne faut plus que tu lui
donnes tes gros sous, il ne faut plus qu'il prenne
tes enfants pour leur apprendre qu'avec quarante
sous d'indulgences on sauve une âme au purga-
toire ; que si l'on n'achète par leur marchandise
on file tout droit en enfer, et que si on suit bien
leur recette toute la vie, avec force écus, on s'en-
vole au paradis. L'enfer et le paradis, quelle
bonne marchandise à exploiter auprès de toi !

Je sais bien que c'est difficile ; peut-être pas
autant que tu le crois. « Pas d'argent, pas de

Suisse, » dit le proverbe ; je t'assure qu'il sera vrai pour eux. Quand nous en serons là, tu seras débarrassé des sangsues noires, et cette fois pour tout de bon ; en attendant, travailleurs, prenez-garde à vous.

Quand les gens d'expérience te conseillent de pratiquer l'assurance pour te garantir contre les accidents, la vieillesse, tu montres ton maigre budget ; il n'y a vraiment pas moyen. Mais quand les marchands de plain-chant te donnent leur facture, tu ne marchandes pas ; bien mieux, ils n'ont pas besoin de faire de réclames, tu vas les trouver. Et tu voudrais qu'ils quittassent un aussi bon métier ? ils s'y cramponnent plus que jamais ; tu t'en venges en les appelant *faignants*, en attendant la première occasion pour recommencer.

Leur clientèle se compose de trois genres d'individus : les convaincus, les intrigants et les imbéciles. Il y en a peu des premiers, pas mal des seconds et énormément des derniers.

Les premiers ne font pas étalage de leur foi, comme cette vieille *perruque de musée* qui dernièrement disait à la Chambre : « Nous avons été battus parce que la France ne prie plus. » Tu ne te doutais guère que la prière remplaçait le canon rayé ; ça sert à tout ; c'est comme le camphre, ça guérit tout. Un choléra vous décime, une invasion de Teutons vous assassine et vous vole, prières publiques ; voilà le remède. Il y a trois ou quatre cents mérovingiens dans la Chambre qui suivent ce traitement. Tiens, tu me fais éclater avec ta question sociale; mais regarde donc ton assemblée, malheureux !

Quant à la toge, il ne faudrait pas que tu confondisses la loi et la justice avec ceux qui l'interprètent et la rendent. La loi est la loi; tant qu'elle existe il faut lui obéir, entends-tu? Pas de confusion. Si elle est mauvaise, il faut la changer. Ce n'est pas cette question qui nous occupe, c'est la magistrature. Je dis la toge; pour l'instant je pourrais bien dire le sabre, puisque nos sauveurs sont juges et nous administrent. Tu croyais, et tu n'es pas le seul, que pour devenir magistrat il fallait un grand savoir, une profonde connaissance des lois et beaucoup d'expérience; nous sommes tous des simples. En révolution, les juges sont vite trouvés; il y en a une vingtaine de mille dans l'armée. Quand on a à juger quarante à cinquante mille communeux, un jury et des juges seraient trop longs; Saint-Cyr fait concurrence à l'École de droit; ce sabre vous donne tous les droits; il n'y a que dans ce métier qu'on peut prétendre à tout; aussi trouve-t-on des militaires partout. En temps ordinaire, il faut gagner dix procès pour être ruiné; sous l'état de siége, il suffit d'un acquittement pour que six mois après on prenne place à la fosse commune; c'est tout à fait du siècle pour la rapidité.

Trente ou quarante mille citoyens à juger, c'est

beaucoup de besogne ; les conseils de guerre ne peuvent pas tout faire ; aussi Bazaine, Trochu et autres graines d'épinards qui ont lâchement livré Metz, Paris et la France, se promènent. Ceux-là ne sentent pas le fagot et ne parlent jamais contre les abus.

Mais les milliers d'innocents qui pourrissent sur les pontons avec ces voleurs et ces incendiaires, tourbe flétrie qui déshonore tout ce qu'elle touche ; mais ces victimes du bataillon de la misère crient depuis quatre mois justice ! et rien ?

Grand parti de l'ordre, tes longueurs m'épouvantent ; craindrais-tu le débarras par le peloton d'exécution ? Ce monceau de cadavres, cette masse de sang (il y en a assez pour vous couvrir tous), gênent ta conscience ; préférerais-tu l'exécution par l'entassement pour éviter la tache ? Dans six mois, tu seras débarrassé. S'il en était ainsi, tu ne serais plus justicier, mais pire que le bourreau ; le martyre des victimes les rend saintes à nos yeux ; et c'est au nom de la justice et de l'apaisement qu'on prépare un cataclysme épouvantable dont nous, bourgeois, serons les premières victimes. Au nom de notre sécurité et de la justice outragée, nous te clouons au pilori infâme de l'exécration.

Ah ! grand saigné, ils te demandent du respect pour la justice, la seule sainte que tu réclames dans ces temps de malheurs.

La vraie justice, non-seulement tu la respectes, mais tu l'adores. Es-tu la cause si des magistrats sont descendus dans l'estime qui n'a jamais fait défaut aux vrais magistrats ? Tu n'es pour rien dans les vilenies d'un Devienne, dans les complaisances d'un Grandperret, et dans la servilité de ces juges du 2 décembre, si bien flétris en pleine tribune par le ministre de la justice ; stigmate indélébile qui devait les expulser ; qui, au contraire, dans ce siècle de dignités, les a cloués plus que jamais sur leurs siéges. Puis on vient te parler de respect? Allons, allons, martyrisé, tant que tu auras de ces machines-là, tu ne peux pas t'occuper de la question sociale.

La paperasse est la menue corde de l'administration pour enlacer et lier le public. Quel mécanisme ! quelle engeance ! C'est tellement compliqué, que tout marche par la vapeur budgétaire ; mais que ça n'avance guère ! Marcher et avancer sont deux choses. Tu sais si ces épingleurs de dossiers, ces enchemiseurs de circulaires, ces chevaliers du casier sont expéditifs et surtout obligeants ; est-ce que tu ne leur appartiens pas? Tu croyais qu'ils étaient derrière leur guichet pour te servir ? Allons donc, naïf !

Ils tiennent leurs places et surtout leurs émargements, arrogants avec toi et plats avec leurs chefs ; on conserve toujours sa belle position avec ces qualités ; s'ils attrapent jamais des courbatures, ce n'est pas en piochant, peut-être en bâillant. Si l'encadrement n'est pas aussi soigné que dans les communismes rouge et noir, ils se tiennent parfaitement par la main. Ils demanderaient volontiers un article 75 *bis* (1) pour pouvoir traîner devant les tribunaux l'individu qui se plaindrait des longueurs et grossièretés de ces tyranneaux du tabouret.

Avoir une place, une bonne place, une place magnifique, c'est le but des quatre cinquièmes des Français; l'amour de la place, quelle maladie! Une fois dans l'alvéole de la roue de l'avancement, capable ou non, on calcule l'époque de l'augmentation et de la décoration; ce n'est plus qu'une question de pendule; dans deux mille tours de la petite aiguille, je serai sous-chef; dans quatre, chef; dans six, décoré. Après une épidémie, on peut gagner du temps. C'est peut-être cette maladie qui fait que les communistes ont tant de prosélytes.

Je sais bien que tu aimerais mieux trouver à la place d'un rouage administratif un homme responsable de ses actes, qu'une administration, compagnie ou congrégation. Cela ne serait plus communiste du tout et peu à la mode.

Quand les hermaphrodites politiques du 4 septembre : ici je m'arrête pour une petite explica-

---

(1) L'article 75 dit que les fonctionnaires ne sont pas responsables.

tion. Ne crois pas que je confonde le grand citoyen Gambetta, le patriote qui a eu foi dans la France avec ces membres du gouvernement des *ménagements;* il n'a rien de commun avec M. ne *Capitulera pas,* ni avec le pleurnicheur *Ni un pouce ni une pierre,* pas plus qu'avec le loustic *On se battra pour l'honneur,* ni avec M. *Gratuite et obligatoire,* ni avec les autres *bustes* de l'ensemble.

Je te dirai que lorsque les *eunuques gouvernementaux* du 4 septembre voulurent toucher à la séquelle, en un mot écheniller les bureaux, elle se leva comme un seul homme; après cris et tempêtes, elle resta en place; nos *hongres réformateurs* eurent peur.

Voilà pourquoi tu as encore sur les bras cette belle collection de paperassiers. Dans ces questions, il ne faut pas ménager la chèvre et le chou; nous n'avons fait que cela depuis le 4 septembre; on a pris Trochu parce qu'il était bon enfant; *Cadet Roussel* aussi est un bon enfant; mais il fallait ménager l'armée : c'était la période des ménagements. A force de pratiquer ce système, nous avons encore cette belle administration que l'Europe ne nous envie plus depuis qu'elle a pu juger de ses capacités.

Ménagements, stupidité républicaine; regardez, nullités du 4 septembre, si le grand parti de l'ordre ménage; entendez raconter l'arrivée des insurgés à Versailles; bondissez donc à ces récits effrayants sur la conduite de ces détritus du fumier césarien qui répondaient à une de ces malheureuses victimes de l'erreur : « Je n'ai jamais vu de la canaille en face ; je suis bien aise de venir la contempler ici à l'aise. (*Historique.*) » Dire que ces ordures ont vécu pendant dix-huit ans dans la vidange impériale ! Ah ! métis républicain, voyez ce qu'ils font de vos protégés d'hier. L'histoire à faire dresser les cheveux d'indignation sera écrite ; à côté des monstruosités de la tourbe des déclassés, on verra les abominations d'une classe se disant honnête, dépassant en terrorisme ce que la pensée peut imaginer de plus monstrueux ; où la femme, cet être si enclin à la pitié, montre une férocité à confondre les plus savants psychologistes. Et vous réclamez l'appui des honnêtes gens, vous essayez de les effrayer avec l'Internationale des travailleurs. Oui ! consternés, ces honnêtes gens se recueillent devant cette implacable et féroce Internationale du massacre et de l'écrasement légal pour la conservation des priviléges et l'étayement de la paresse et de la nullité. Ah! d'avance, nous vous déclarons que s'ils ne sont pas avec la première, ils vous repoussent avec horreur. Vous êtes abominables ; vous ne nous faites plus peur. Plus d'atermoiements ; l'ennemi social est connu.

Écoute, grand maladroit, laisse tes rêveurs, tes adorateurs ; ce sont des trompeurs ; la valeur de ton inconnu se trouvera quand tu auras déterminé celle des membres de la grande formule; ce sont les travaux de la paix qui donneront la solution définitive.

A l'heure actuelle, une guerre terrible est engagée, celle du vieux monde contre le nouveau.

Quand tu auras vaincu par la légalité ce canon mastodonte qui renverse une nation d'un coup ou qui lui permet sa résurrection, tes ennemis, réduits ou plutôt forcés de devenir des citoyens, concourront à la régénération commune.

Mais si tu t'illusionnes et continues à poursuivre une impossibilité, si tu persistes à mettre au ban des travailleurs et à les désigner comme ennemis, réacs et aristos, ces petits bourgeois, ces petits boutiquiers que tu crois avoir flétris quand tu les as appelés exploiteurs ou buveurs de sueurs, tu feras acte de mauvais citoyen et tu prouveras que tu es toujours l'abrutissement.

Il y a à Paris cent mille petits bourgeois, employés, petits rentiers et ouvriers qui se rallient au programme que tu as lu; si, au lieu de te cantonner dans tes chimères et de te monter le coup avec la fameuse puissance du peuple, tu entres franchement dans l'arène et viens te joindre à eux, le Mont-Cenis des difficultés sera percé dans vingt années.

Ne demande pas qu'ils aillent à toi, puisque

l'expérience nous démontre que l'État, distributeur du bonheur commun, est une impossibilité doublée d'une monstruosité.

En présence d'un critérium aussi catégorique, on est avec nous ou contre nous; autrement, affaiblissement et décadence.

La première étape est l'application des principes démocratiques pour obtenir la solution du grand problème social.

Pour l'obtenir, il faut vaincre par la légalité nos ennemis ligués; pour que la victoire soit à nous, il faut de l'union et surtout de la discipline. Laissez les rêves pour le possible, le cosmopolitisme pour la nationalité, le fantôme pour la réalité; le succès est à ce prix.

Si cet appel est entendu, la république démocratique sera fixée à tout jamais. Pour son triomphe, la bourgeoisie démocratique t'attend.

Alors, oint de la sainte ampoule du bien-être et de la dignité, tu seras sacré souverain véritable.

Telle est la profonde conviction d'un bourgeois démocrate.

1871.

PARIS. — ÉDOUARD BLOT ET FILS AÎNÉ, imprimeurs, rue Bleue, 7.

9 782011 772008